Présence Coloniale Française en Inde

Disha Mondal

Ukiyoto Publishing

All global publishing rights are held by

Ukiyoto Publishing

Published in 2022

Content Copyright © Disha Mondal
ISBN 9789360161149

All rights reserved.
No part of this publication may be reproduced, transmitted, or stored in a retrieval system, in any form by any means, electronic, mechanical, photocopying, recording or otherwise, without the prior permission of the publisher.

The moral rights of the author have been asserted.

This is a work of fiction. Names, characters, businesses, places, events, locales, and incidents are either the products of the author's imagination or used in a fictitious manner. Any resemblance to actual persons, living or dead, or actual events is purely coincidental.

This book is sold subject to the condition that it shall not by way of trade or otherwise, be lent, resold, hired out or otherwise circulated, without the publisher's prior consent, in any form of binding or cover other than that in which it is published.

Puits de l'Inde ! tombeaux ! monuments constellés!
Vous dont l'intérieur n'offre aux regards troublés
Qu'un amas tournoyant de marches et de rampes,
Froids cachots, corridors où rayonnant des lampes,
Poutres où l'araignée a tendu ses longs fils,
Blocs ébauchant partout de sinistres profils,
Toits de granit, troués comme une frêle toile,
Par où l'oeil voit briller quelque profonde étoile,
Et des chaos de murs, de chambres, de paliers,
Où s'écroule au hasard un gouffre d'escaliers !
Cryptes qui remplissez d'horreur religieuse
Votre voûte sans fin, morne et prodigieuse !
Cavernes où l'esprit n'ose aller trop avant !
Devant vos profondeurs j'ai pâli bien souvent
Comme sur un abîme ou sur une fournaise,
Effrayantes Babels que rêvait Piranèse!...

　　　　　　　　　　　　Avril 1839.

Remerciements

Le département de français de l'Université Visva-Bharati a été une bénédiction pour moi car ma carrière universitaire s'est développée ici. Le professeur Nipun Nutan m'a inspiré à écrire sur ce sujet. Je suis également redevable à notre respecté chef de département, le professeur Nilanjan Chakrabarty.

Je suis redevable au professeur Vijaya Rao et au professeur K Madavane de l'Université Jwaharlal Nehru. Ils m'ont fourni le recueil original de nouvelles *Mourir á Benares*.

Monsieur Ari Gautier, l'éminent francophone m'a aidé de ses conseils pour écrire ce livre. Il est professeur de littérature anglaise à l'Université d'Oslo. Il a abordé divers aspects décrits dans le roman *Le Thinnai*.

Blake Smith a traduit ces deux livres en anglais, il m'a aussi beaucoup aidé. Il fait des recherches sur la littérature francophone en Inde et en Asie. Cela, il m'a donné une brève idée de la présence coloniale française en Inde et de son impact sur la littérature.

Disha Mondal

Contents

Introduction	1
L'arrivée des Français en Inde	4
La nature de la colonisation française en Inde	14
Héritage de la domination française en Inde	20
Tradition de l'écriture franco-indienne	25
Retracer la présence coloniale à Un canot de papier sur le Gange	28
Retracer la présence coloniale à Une vache sacrée à Varanasi	34
Communauté créole telle que présentée dans le roman Le Thinnai	39
Conclusion	43
About the Author	*48*

Introduction

Ce travail de recherche vise à découvrir la présence de la puissance coloniale française en Inde à partir des écrits de K. Madavane et Ari Gautier.

Au cours du 18e siècle, plusieurs puissances maritimes étaient actives. Pendant ce temps, l'Empire moghol est devenu faible en Inde et l'émergence d'une puissance régionale était évidente. Ces pouvoirs régionaux étaient évidents. Ces puissances régionales se sont battues entre elles pour se tailler un plus grand domaine. Cette agitation politique a fait de la place aux sociétés de commerce étrangères pour venir en Inde. Ils sont anglais, néerlandais, portugais et français. Ces sociétés commerciales ont essayé de tirer le maximum de profit de l'Inde. La tendance du commerce avec l'Inde a commencé avec la découverte de la route maritime vers l'Inde depuis l'Europe par le voyageur portugais Vasco-da-gamma en 1498 après JC. Ensuite, les Néerlandais ont établi des relations commerciales avec l'Inde, suivis des Anglais et des Français.

La suite des événements nous est familière. Les Français sous Dupleix ont réussi à établir la Compagnie française des Indes orientales dans la politique de l'Inde du Sud. Mais bientôt la situation a changé. Les Anglais ont vaincu toutes les entreprises européennes après la conquête du Plassey au Bengale. Les Anglais ont fait l'expansion coloniale en Inde.

Les Français étaient le défi majeur de la compagnie Britannique des Indes orientales dans leur expansion coloniale en Inde. Mais la défaite dans la guerre de Sept ans les Français se cantonnèrent à certaines provinces de l'Inde telles que Pondichéry, Mahé etc.

La colonisation française est invisible en Inde mais sa présence ne se dément pas. K. Madavane et Ari Gautier ont tenté de retracer le colonialisme français dans leurs livres *Mourir á Bénarès* et *Le Thinnai* respectivement.

K. Madavane est né à Pondichéry en 1946. Il a été professeur de littérature française à l'université Jawaharlal Nehru avant de prendre sa retraite en 2011. Il est également directeur de théâtre. Mais son recueil de nouvelles *Mourir á Benares*, 2010, offre un point de vue inégalé sur un coin oublié de l'histoire indienne.

Ari Gautier (1965-) est né à Antananarivo à Madagascar et a grandi à Pondichéry, une ville coloniale nouvellement indépendante où les traces du colonialisme étaient encore présentes. Dans son roman *Le Thinnai* est une de ces œuvres qui nous emmène dans un voyage de souvenirs et d'histoires de souvenirs. C'est un roman historique qui se déroule dans le Pondichéry des années 70 et 80. Il montre un quartier populaire de Kurusukuppam. Ici, les habitants sont un mélange déconcertant de créoles, d'anciens combattants de la guerre coloniale, de fiers communistes et de citoyens français qui n'ont jamais quitté l'Inde.

L'arrivée des Français en Inde

Parmi les nations européennes qui sont venues en Inde dès le XVIe siècle, la France était la dernière nation à arriver. Les nations maritimes de l'Europe ont essayé de tirer profit du commerce oriental. L'enterprise commerciale française en Inde n'a pas réussi pour deux raisons politiques majeures. Au cours des 17e et 18e siècles, la France était engagée dans des guerres étrangères. Deuxième , dans la seconde moitié du XVIIe siècle, la France a dû faire faceà des troubles civils.

Autre ces deux raisons politiques, il y a aussi une troisième raison de la dernière apparition de la France à l'Est et elle est principalement liée à la position géographique de la France et la disponibilité de ressources naturelles abondantes.il y a pourtant une variété de produits suffisante pour fournir tous les besoins et de nombreux luxes de la vie. Par example Le Dauphiné montagneux, les plateau ensoleillés de provence, les abondance de bois et de vegetation luxuriante dans certaines parties de lÁuvergne, l'océanique typique climat n Vendée et en Bretagne pour la culture des fruits et legumes, à Paris et à l'est automne ensoleillé. Particuliérement favorable à la maturation de la vigne; loin au sud et au sud-ouest tabac et sel et nord et nord-est, districts riches en maïs, seigle et lin. Mais la situation des autres pays européens et de l'Angleterre était exactement l'inverse.[1]

Ainsi la France disposait de l'essentiel des ressources humaines et naturelles indispensable à la propérité nationale et à la paix. Ils n'étaient pas une population claisemée comme l'Allemagne qui a essayé de cultivar un desert; ils étaient plus chanceux dans le climat et le sol que les Espagnols et non divisée par des differences religieuses comme lÁngleterre. Comme les Hollandais ils n'avaient pas de marine marchande mais avaient d'énormes for6ets don't on s'occupait pourrait Fournier du bois en abondance pour les flotters à construire. Le commerce était actif dans le tissage et fabrication de draps et de soie. Il tirait d'importants profits des exportations et des réexportations du colonies de lóuest. On peut donc dire qu'elle était plus absorbée par le commerce dans l'ouest et n'était donc pas enclin à se lancer dans les commerces lucratifs de l'Est continents.

Les Française en Inde

Il y avait cinq puissances maritimes au XVIe et XVIIe siècles. La France a été la quatrième à venire n Inde pour des relations commerciales. Le cinquième pouvoir, l'Espagne ne se rend jamais en Inde. D'autre part, Hollande, Portugal et Angleterre avait visité ce pays plusieurs fois. Au début tout ces pays s'intéressaient aux richesses du commerce oriental. C'est la France qui rêvait de créer un vaste empire en Inde. A cette époque, l'Inde était sous la domination Moghale. Un soldat Français démontre sur le champ de bataille la supériorité d'une groupe d'Européens disciplines sur les hordes incontrôlées d'Asie.

En raison de la situation politique de l'Inde dans la première moitié du XVIIIe siècle, les Français sont devenus ambitieux de constrire un grand empire territorial en Inde. Dupleix a été le premier à montrer la manière d'intervenir dans les conflits internes des puissances Indiennes et d'acquérir le contrôle politique sur de vastes territoires par l'intermédiaire de princes Indiens fantoches.

La route vers l'Inde

Une ligne directe vers l'Inde a été établie. De 1643 à 1649, La Boullaye le Gouz voyage à travers la Turquie et la Perse et arrive enfin en Inde. Il a exploré Rajputana. En 1666, Jean Thévenot vient à Surate. Il se rendit à Gujrat, Cambay, Masulipatam, Aurangabad et le royaume de Golkonda. Il succède à François Bernier. Le récit de voyage de Bernier nous apprend la situation de l'Inde à cette époque.

La France utilisait à la fois les routes vers l'Inde, c'est-à-dire par le cap de Bonne-Espérance et par le Levant à travers la Perse. Le parcours par le Levant était beaucoup plus court mais semé d'embûches. En 1664, la Compagnie française des Indes orientales envoie à Ispahan trois marchands, Bebber, Mariage et Dupont. Ils portaient la lettre de Louis XIV pour roi de Perse. Louis XIV évoque l'amitié entre les deux pays et exige un traitement généreux de tous les Français se rendant à la Cour de Perse. En 1665, les députés français arrivent à Ispahan. Le roi de Perse les salua gentiment et accorda également une autorisation de concession commerciale spéciale. Deux de ces députés, Bebber et de La Boullaye le Gouz se dirigèrent encore vers Surate, et y arrivèrent en mars 1666. Le Gouverneur de Surate reçut très cordialement ces députés français.[2]

Un des députés écrivit une lettre à Colbert. Il a donné une description détaillée de la situation politique de l'Inde et des politiques à mener par la France en Inde. Les Hollandais sont devenus intolérants pour trouver la présence française de l'Inde. Ils voulaient maintenir le monopole du commerce en Orient. Ainsi, ils ont répandu des rumeurs contre les Français selon lesquelles les Français n'étaient pas des commerçants mais des pirates. De La Bullaye Gouz ont fortement affirmé leur identité de commerçants. Bientôt réussi à obtenir des concessions commerciales sur des images égales à l' anglais et au néerlandais de princes indiens .

Les députés se sont rendus à Agra. C'était le règne de l'empereur moghol Aurangzeb. Les députés présentèrent une lettre du roi de France à Aurangzeb. Aurangzeb leur a accordé la permission de faire du commerce à Surat.

C'est ainsi que la Compagnie française des Indes orientales établit une relation commerciale avec Surat.

Les colonies françaises en Inde

De 1664 à 1761, la Compagnie française des Indes orientales fit de son mieux pour commercer avec l'Inde. Ils ont dû rivaliser avec les Anglais et les Hollandais pour faire sentir leur présence. Ils ont également essayé d'obtenir des droits commerciaux. La Compagnie française des Indes orientales a établi des usines à Surat, Rajapur, Masulipatnam, Tellichéry, Pondichéry et Mahé.

i. **Pondichéry**: Pondichéry jusqu'en 1668 était une ville ouverte et était ouverte aux raids et aux pillages. En 1688, Martin envoya Saint Germain rencontrer le Marathe Subhedar de Gingee, Harji Raja. Il accorda la permission de fortifier Pondichéry. Pondichéry a prospéré sous François Martin. Mais en 1689, Harji Mahadik mourut et le scénario changea. L'hostilité des Hollandais s'accrut et les Français se sentirent menacés à Pondichéry. Martin écrivit à la France pour envoyer une aide militaire et elle l'atteignit en 1690. Martin rêvait de coloniser toute l'Inde. Il écrivit à Dlangy qui disait que les Anglais et les Hollandais étaient leurs ennemis. Il voulait les vaincre tous d'un coup.

De 1699 à 1761, Pondichéry était gouvernée par les Français. Les anglais s'en sont emparés en 1769 par le

'Traité de Paris' signé entre l'Angleterre et la France. A partir de 1763, Pondichéry est une colonie française.

ii. **Chandernagor:** Chandernagor est devenue une colonie française en 1690 par Bourreau Deslandes. Cette colonie devint importante sous le Gouvernorat de Dupliex (1731-1741). Peu à peu, cette commune devient un centre commercial important. Le commerce avec le Bengale était le plus important. Ils exportaient de l'Inde de la soie, des cotonnades, de l'opium et du salpêtre. En raison du traité de Paris, les Français n'étaient pas censés maintenir une armée ou construire des fortifications. Ainsi, la colonie était sans défense.

De 1767 à 1769 sous l'administration de Jean Baptiste Chevalier, Chandernagor devient un important centre commercial. Il entretenait de bonnes relations avec le gouverneur anglais Veresst de Calcutta.

> Il y avait cinq usines dépendantes de la colonie de Chandernagor. Il s'agissait de Kasimbazar, Patna, Dacca, Jougdia et Balasore. Le commerce français avec le Bengale était très profitable. Il y avait une usine française à Balasore. C'était un centre important pour le commerce des draps. L'usine était principalement utilisée pour transporter des lettres du Bengale à Pondichéry.

iii. **Mahé**: Les Français ont occupé Mahé en 1721. C'est l'un des états de la côte de Malabar. A. Martineau a écrit sur ce peuplement dans ses Les origines de

Mahe de Malabar. Les Anglais ont capturé Mahé en 1761 et en 1765 les Français avaient regagné cette colonie. Certaines épices de Mahé étaient des articles importants pour le commerce. Comme le poivre, la cardamome et le bois de santal. Sur la partie sud de cet état, il y a des collines. Les Français y ont construit trois forts. Les Anglais les ont démolis en 1761. Une guerre entre Français et Anglais en 1778 avait éclaté. Mahé a été capitulée en 1779 avec des conditions honorables.

iv.**Calicut**: Il y avait une petite usine de français à Calicut. Son commerce était d'un montant négligeable.

v.**Surat**: Une usine a été établie à Surat en 1666. Surat avait un grand marché. Les marchandises vendues ici étaient des draps de laine, des articles de quincaillerie, des draps de Lyon, du cuivre et du plomb. Les Français ne jouissaient d'aucun statut indépendant. Ils ne pouvaient pas garder de troupes et ne pouvaient pas faire de fortifications.

vi.**Karaikal**: Karaikal produisait du riz et c'était un grenier pour Pondichéry. Beaucoup de rivières s'y trouvaient mais beaucoup de terres restaient incultes faute de population.

    Dutch à Nagapatam était le principal rival. Karaikal a offert des avantages politiques aux Français parce que la relation entre les Anglais et le Raja de Tanjore n'était pas bonne.

vii. **Yanam:** Les Français ont occupé Yanam en 1723. Il a été restauré au français en 1763 par les Anglais.

Les Français avaient des avantages commerciaux là-bas.

viii. **Masulipatnam**: Cette colonie a été établie en 1669 et était la troisième à Surat. Muzaffar Jung a vendu Masulipatnam aux Français. Les Anglais ont capturé cette colonie en 1765. C'était un célèbre centre de fabrication de tissus.

ix. **Rajapur:** C'était un petit port maritime sur la côte de Konkon sous le royaume de Shivaji. Les Français ont rencontré les Marathes pour la première fois ici. Shivaji leur a permis de commercer ici et a établi leur usine.

Ils étaient les principales colonies françaises.[2]

Colonies mineures: Il y avait deux colonies françaises mineures. Ce sont Mirjan et Tellichery.

Ainsi, à partir de la discussion ci-dessus, on peut conclure que même si les Français avaient l'ambition de coloniser toute l'Inde, ils ont fini par être une puissance coloniale marginale. Ils n'avaient que peu de colonies, mais ce qui est intéressant, c'est que malgré leur marginalité, la langue française a gagné en popularité en Inde. Contrairement à l'écriture indienne en anglais, un petit nombre de littérature en français est apparu. K.Madavane et Ari Gautier sont des auteurs franco-indiens, ils ont grandi à Pondichéry sous occupation française. Dans le recueil de nouvelles, *Murir à Bénarès* sont deux histoires où l'auteur nous a montré la présence coloniale française en Inde. Dans le roman Le Thinnai, Gautier met en scène la communauté créole de Pondichéry.

La nature de la colonisation française en Inde

Gayatri Spivak a déclaré que les Britanniques possédaient presque tout sauf de petits coins de l'Inde. Il est temps de regarder la forme française de l'Inde. Chandernagor était différent de Pondichéry en termes politiques dans la période 1814 à la décolonisation. C'est une partie du Bengale. Chandernagore était un siège d'activisme pendant la lutte pour la liberté de l'Inde. Chandernagor a obtenu son indépendance en 1950. Pondichéry est devenue une partie du territoire de l'Union de l'Inde en 1954, mais pendant de nombreux siècles, elle a été une ville tamoule.

Interprétation de la présence coloniale française en Inde (1763-1954)

Les Français sont arrivés pour la première fois à Surate en 1667. Dès le début, la France a dû concurrencer la Grande-Bretagne sur le plan militaire pour coloniser l'Inde. Les Français ont eu un grand gland avec la Grande-Bretagne pour capturer la péninsule du Deccan au milieu du XVIIIe siècle. Au-delà du XVIIIe siècle, seuls le Portugal et les Français étaient deux puissances maritimes qui étaient présentes avant les Britanniques. Les Français étaient la seule puissance européenne non britannique de premier plan qui était présente jusqu'au milieu du XXe siècle. Même après le départ des Britanniques, les Français n'ont pas rendu leurs colonies indépendantes en Inde.

Les phases de la présence française en Inde peuvent être résumées comme suit : Les Français coexistent avec les Britanniques et maintiennent des relations commerciales avec l'Inde. De 1667 à 1746 fut cette première phrase de présence française en Inde. Ils ont eu une rivalité militaire avec les Britanniques, à commencer par la première guerre carnatique en 1746. Les Français ont été vaincus à Plassey (1757) et à Wandiwash (1760). Le traité de Paris (1763) a restreint les activités de la France en Inde en tant que lieu d'imagination. Ils ont présenté l'Inde à travers la fantaisie, l'utopie et la nostalgie (Magedera 2002: 64). Depuis 1763, il y avait un espoir que la France surmonterait les restrictions imposées de l'extérieur sur son activité et commencerait à coloniser les autres parties de l'Inde. Cependant, cela ne s'est pas produit.

Dans le dernier quart du XVIIIe siècle, les Français ont tenté de s'allier aux dirigeants indiens. Ils ont fourni une aide militaire à Haidar Ali. De telles alliances étaient un élément clé de la campagne navale de Sufferen contre les Britanniques en 1782-1783. (Bertrand 1991 : 182-305).

Pendant l'ère napoléonienne, Napoléon a tenté des engagements militaires avec l'Inde à quatre reprises, mais ils n'ont pas réussi. En 1802, Napoléon envoie le général Decaen en mission pour raviver les contacts militaires de la France de la fin du XVIIIe siècle avec les princes indiens. Decaen est venu en Inde en 1803 mais sa mission a été vaincue par les services secrets britanniques. Il est donc évident que les règles françaises et la Compagnie française des Indes orientales ont beaucoup essayé d'étendre leur empire en Inde, mais ont échoué.

Ainsi, les Français ont essayé d'aider les princes de l'Inde avec des alliances militaires. En 1857, la première guerre d'indépendance avait commencé. Les Indiens se sont révoltés contre la domination britannique. Ainsi, une crise coloniale s'est produite entre 1857 et 1859. Les Indiens qui ont résisté aux Britanniques ont obtenu une mention de leur nom dans les écrits français. Nana -Sahib a été mentionné comme héros révolutionnaire. Ainsi, les événements importants de la lutte pour l'indépendance de l'Inde ont également été vus en France. Dans les années 1930, M.K Gandhi a fait la campagne de la marche du sel. Le journal français *Le Figaro* et *Le Temps* a mentionné cet événement.

Même dans la période post-indépendante, les Français continuent d'entretenir de bonnes relations avec l'Inde, notamment dans le domaine de l'éducation et de la recherche scientifique.

En 2009, dix-sept Alliances françaises et quatre instituts de recherche ont été créés en Inde par la France. Ainsi, il reste les nations européennes les plus influentes en Inde. Dans un journal français, l'Inde est décrite comme <<la plus grande drémocracie du monde>>(Jaffrelot,2003).

La France en tant que colonisateur sub-impérial ou mineur en Inde

Pour décrire le colonialisme italien en Afrique de l'Est dans les années 1880, Winfried Baumgart utilise le terme « sous-impérial » (1982 : 42). Ce terme peut être utilisé pour la situation des comptoirs français entre 1814 et 1947. Pour affirmer la position marginalisée des Français par rapport aux Britanniques, mais aussi reconnaître la supériorité des Français sur les populations indiennes dans ces zones.

La fin de la seconde guerre mondiale a montré clairement que la colonisation britannique allait se terminer en Inde. Il est devenu évident que les possessions françaises rejoindraient l'Inde après le départ des Britanniques, les Français s'étant établis comme de "bons colonisateurs". mieux que celui de l'Inde indépendante qui était liée au Commonwealth britannique.

En août 1947, cependant, le sentiment anticolonial était également élevé dans les territoires français. Plusieurs groupes avaient émergé dans les territoires français qui cherchaient activement à fusionner avec l'Union indienne. A Chandernagore par exemple, le National Democratic Front (NDF) a menacé de lancer un Satyagraha si les Français ne proposaient pas un plan de fusion avec l'Inde. Une demande similaire est également apparue à Karaikal, tandis qu'à Mahé, le nationaliste Mahajana Sabha a menacé de mettre en place un gouvernement parallèle. Plusieurs pétitions ont été déposées auprès de la municipalité de Pondichéry pour déployer le drapeau indien le 15 août en signe de protestation. Enfin, le 28 août 1947, l'Inde et la France publient une déclaration commune sur le plan de décolonisation.

En 1953, un pamphlet politique a été produit par les Free India Publications qui ont commencé par nier tout ce qui s'appelait "l'Inde française".

Fait intéressant, alors que les Français avaient accepté de transférer leurs territoires à l'Inde en 1954, il fallut encore huit ans pour la ratification de la cessation. Pendant huit ans, les habitants de Pondichéry ne savaient pas s'ils étaient français ou indiens.

Héritage de la domination française en Inde

Pendant près de deux décennies, l'Inde a été contrôlée depuis Londres. Et s'il avait été contrôlé depuis Paris? Heureusement, nous n'avons pas à imaginer. Les Français avaient colonisé l'Inde et laissé un faible héritage.

Principalement, le potentiel d'expansion soutenue de l'influence française en Inde était très élevé. Au milieu du XVIIIe siècle, ce potentiel atteint son apogée. Au cours du 19ème siècle, la portée de l'expansion française a été considérablement réduite par les Britanniques.

La taille du territoire revendiqué par l'empire français aux XIXe et XXe siècles était la deuxième après la Grande-Bretagne. De l'Afrique du Nord à l'Asie du Sud-Est, du Moyen-Orient au Pacifique Sud, des millions de personnes ont été subjuguées, réprimées et assassinées alors que les dirigeants français se bousculaient pour sécuriser les ressources et les marchés des produits manufacturés et des investissements rentables.

La violence faisait partie du tissu de la domination française. Les meilleures terres agricoles étaient concentrées entre les mains des colonialistes et de leurs collaborateurs, laissant la majorité des paysans vulnérables à la famine. Quelque deux millions de Vietnamiens sont morts pendant la Seconde Guerre mondiale; il y avait une famine malgré les greniers remplis de riz.

Mais le scénario en Inde était tout à fait différent. Au XIXe siècle, la France se résigne à jouer un rôle subsidiaire vis-à-vis des Britanniques en Inde. La suprématie britannique en Inde au XIXe siècle s'est traduite par une attitude de prudence et de réalisme de la part des Français. Cela signifiait que Pondichéry, Karaikal, Chandernagor, Mahé et Yanam resteraient des enclaves et rien de plus. La France développerait le commerce, et si possible l'agriculture et l'industrie.

Dans la situation coloniale, la culture colonisatrice tente d'assimiler la culture colonisée à ses propres valeurs par la mise en œuvre d'une série de mesures administratives ou judiciaires; l'imposition de sa langue, la mise en place d'établissements culturels ou pédagogiques, etc. Si ces mesures ne réussissent pas, il n'y a pas de créolisation mais une acculturation partielle, qui disparaît peu à peu au départ du colonisateur. Les Français revendiquaient une mission « civilisatrice » aussi fausse que le fardeau d'homme blanc de Bitain.

Les Français étaient également très liés viscéralement et culturellement à l'Inde. De plus, les établissements n'étaient pas autosuffisants en produits de première nécessité; ils dépendaient pour tout de l'Inde et vivaient avec elle dans une relation symbolique. Les services essentiels tels que les postes et les télégraphes étaient entre les mains de l'Inde.

En Inde comme en Chine, le commerce consistait principalement en l'échange de métaux précieux contre des produits manufacturés ou des matières premières. Il faut dire que la prédominance de l'argent dans les expéditions posait quelques problèmes car l'or était particulièrement demandé en Inde et en période d'insécurité il prenait de la valeur au détriment de l'argent dont la tendance relative diminuait. Il y avait cependant une différence fondamentale entre les deux régions; en Chine, les espèces frappées en Europe ou en Amérique et les lingots étaient acceptés en paiement selon leur poids et leur contenu, en Inde, ils devaient être de nouveau fondus et battus avant d'entrer dans la circulation commerciale.

Dans l'ensemble, le pourcentage de marchandises a augmenté régulièrement. Jusqu'en 1735, la place des Français est limitée, et leurs dépêches représentent à peine le tiers de celles des Britanniques. Entre 1735 et 1740, la Compagnie française affirme sa présence commerciale en Asie. Les conflits et leurs développements maritimes freinent leur expansion: les Britanniques, sûrs de la maîtrise de l'Atlantique peuvent poursuivre leurs activités tandis que les Français sont contraints de limiter les leurs.

Après l'indépendance de l'Inde et du Pakistan vis-à-vis de la Grande-Bretagne le 15 août 1947, il devint évident que l'avenir des possessions françaises en

Inde était incertain. D'une superficie totale de 500 kilomètres carrés, les enclaves comptaient à peine 3 000 000 habitants, contre 436 millions d'Indiens selon le recensement de 1951. L'Inde française ressemblait à des boutons sur la carte de l'Union indienne.

A Pondichéry, au XIXe siècle, il y a eu un vif débat sur le thème de la citoyenneté, certains la jugeant inacceptable si elle signifiait la préservation du statut personnel. On s'est contenté de reconnaître à l'électorat de l'Inde un statut hybride de « sujets avec droit de vote ». « Le décret de 1881, dans ce contexte, visait à présenter les candidats comme des "citoyens français". de la citoyenneté et de la démocratie dans les enclaves dispersées. Là où il n'y avait pas de place pour les armes, les Français s'appuyaient sur les vertus déstabilisatrices du suffrage universel et du « règne de l'égalité ».

Dans le cas des anciens territoires français, la notion de légitimité a pris une connotation relative. Parce que la notion actuelle de qui sont les vrais Pondichériens ne peut être dissociée du lien avec la France, les cultures francophones et les cultures françaises et la langue française, on peut dire que les Pondichériens actuels de deuxième ou troisième génération sont les Pondichériens légitimes. Les autres peuvent être qualifiés de migrants comme les Pondichériens légitimes. Comme beaucoup de Pondichériens de deuxième ou troisième génération ont migré vers la France et vers d'autres territoires francophones, on peut dire que les liens avec leur mère patrie sont réels dans le sens où celle-ci leur appartient légitimement. En revanche, depuis que Pondichéry a été colonisée par les Français, la légitimité d'un lien français avec Pondichéry peut être remise en cause.

Tradition de l'écriture franco-indienne

L'écriture anglaise d'auteurs indiens est à la fois un vaste et un produit extrêmement réussi des 200 ans de domination coloniale britannique. L'écriture française des Indiens est largement invisible faute d'un lectorat significatif.

Quand on pense à la Francophonie, on pense peut-être automatiquement à certains pays d'Afrique de l'Ouest, au Canada, ou encore à l'Asie de l'Est ou à l'Océanie francophones.

Cependant, la France avait une présence coloniale en Inde avec sa capitale à Pondichéry. Dans cet empire colonial, les gens parlaient le tamoul, le malayalam et le télougou. mais la langue officielle était le français. Pour de nombreux habitants, le français était une langue seconde et même une langue première - et pour certains, une langue d'expression littéraire comme le remarquait Blake Smith dans son article, *Translingualism in Francophone writing from South Asia.*

L'écriture indienne en français, cependant, est presque entièrement inconnue - ignorée en Inde, en France et partout ailleurs. Les premiers écrits en français de l'Inde provenaient en fait de régions comme le

Bengale et Goa, qui ne faisaient pas partie de l'empire français. L'écriture francophone débute avec Toru Dutt (1856--1877), qui écrit deux romans.

De nombreux poètes, par exemple, ont écrit sur des expériences en tant que visiteurs ou expatriés à Paris. Mais leurs vers évoquent tout sauf les clichés d'une ville de lumière et de romantisme. Le polymathe Prithwindra Mukherjee a écrit des poèmes en français. Ranajit Sarkar (1932--2011) était professeur de littérature et de philosophie. Il était aussi poète en français et en bengali.

K Madavane et Ari Gautier font partie d'un petit groupe d'auteurs indiens qui écrivent en français. Tous deux sont des écrivains franco-indiens contemporains. Leurs écrits sont quelque peu nouveaux et uniques en ce sens qu'ils sont directement issus de l'empire français. Avec ces écrivains, une nouvelle ère de l'écriture francophone des Indiens a vu le jour ces dernières années. Ces deux auteurs proposent une vision complexe de l'empire français. Madavane dans ses écrits se positionne davantage comme représentatif de la francité de l'Inde dans son ensemble, plutôt que des aspects intensément locaux de ces sites indiens qui étaient autrefois des territoires coloniaux français.

En revanche, les œuvres de Gautier sont profondément investies à Pondichéry. Sa mission est de mettre en avant certaines histoires et voix de Pondichéry qui n'avaient pas trouvé d'articulation. Il s'intéresse en particulier à l'exploration de l'identité des castes inférieures qui ont renoncé à leurs coutumes et traditions indiennes pour acquérir la nationalité française.

Alors que Gautier écrit en français, son écriture regorge de mots en tamoul et en créole de Pondichéry. C'est évident dans le roman *Le Thinnai*.

Malgré de nombreux défis, l'esprit littéraire des écrivains français contemporains n'a pas été découragé. Ils espèrent un avenir où il y aura un lectorat grand public pour ce genre d'écriture unique, qui conserve le souvenir d'une époque révolue d'échanges culturels entre Indiens et Français. En même temps, il ouvre la porte à une nouvelle approche de la littérature indienne postcoloniale.

Retracer la présence coloniale à Un canot de papier sur le Gange

K.Madavane est né à Pondichéry en 1946. C'est un éminent praticien de l'écriture française d'Inde. L'écriture anglaise d'auteurs indiens est à la fois un produit vaste et extrêmement réussi des deux cents ans de domination coloniale britannique. L'écriture française des Indiens, en revanche, est non seulement peu nombreuse mais aussi largement invisible faute d'un lectorat significatif.

Le français est une langue sud-asiatique depuis le XVIIe siècle, lorsque la Compagnie française des Indes orientales est arrivée en Inde. Au cours des trois siècles suivants, les Français avaient une présence coloniale ténue en Inde avec leur capitale à Pondichéry. "This colonial empire included populations speaking many South Asian languages, including Tamil, Malayalam, and Telugu, but its official language was French. For many inhabitants of the French colonies in South Asia, French became a second and even a first language-and for some, a language of literary expression." écrit Blake Smith en article *Translingualism in Francophone writing from South Asia*.

De nombreux écrivains de Pondichéry, de La Réunion, de Maurice et d'Europe de l'Ouest ont publié des romans en français.K. Madavane est l'un d'entre eux.

Dans la nouvelle *Un canot de papier sur le Gange*, la situation de l'école française a été dépeinte. Cette histoire est un récit à la première personne. La supériorité coloniale française est similaire à celle des officiers coloniaux britanniques. Les Français ont également tenté d'imposer leur culture aux Indiens. Les écoliers indiens croyaient fortement en leur filiation gauloise.

Dans cette histoire, nous retrouvons le choc culturel entre un garçon indien Fougger et toute l'école française. Fougger était ancré dans son indianité. D'autre part, le reste des étudiants sont satisfaits de leur francité imposée.

Dans cette école, certains garçons français étaient les meilleurs parmi tous et cela provoquait la jalousie chez les garçons français. C'était impossible à accepter ici aussi. Alors, ils dérangeaient Fougerre. Comme si c'était leur droit. L'état d'esprit supérieur était prédominant. Fougerre était typiquement un Tamilien, un garçon brillant. Il a laissé une autre copie de ses devoirs. Il était le meilleur de tous et cela a provoqué la jalousie chez les garçons français. Il était impossible d'accepter le fait qu'un Indien était meilleur en études qu'eux.

Fougerre était aussi un bon peintre. Le narrateur de cette histoire, Manu enviait Fougerre pour cela car

Manu avait un rival dans la peinture. Ainsi, Fougerre était doublement marginalisé à l'école. Il était le véritable "Autre" de la classe. Alors que tous ses camarades indiens étaient imprégnés de la culture française, il croyait toujours en son indianité. Il semble que Fougerre ne soit pas seulement un écolier mais aussi le symbole de ces Indiens qui ont beaucoup souffert. En raison de leur indianité, beaucoup d'Indiens se sont bien installés sous la domination coloniale, ils aimaient se considérer comme français, mais ceux qui ne pouvaient pas s'en accommoder étaient les victimes de cette société.

La situation de Fougerre s'est encore détériorée lorsque Madame Armeil a demandé à la classe de peindre un symbole de leur patrie. Madame Armeil leur a d'ailleurs demandé de dessiner les symboles français car la patrie des colonisateurs est importante. D'une certaine manière, les colonisateurs français ont tenté d'éradiquer l'identité indienne des étudiants indiens. Dans une certaine mesure, ils ont réussi. Hormis Fougerre, d'autres élèves de la classe ont dessiné le drapeau français ou différents symboles de la France. Mais Fougerre a dessiné la colonne d'Ashoka, symbole de la démocratie indienne.

Pour lui, l'Inde était sa patrie et il avait effectivement raison. Mais cet acte de sa part a mis Madame Armeil en colère et toute la classe a été surprise. Les autres garçons indiens n'étaient probablement pas au courant du symbole de l'Inde.

Il a été moqué, humilié et insulté par son professeur. Comme s'il avait commis un crime grave. Cette histoire a différents niveaux de compréhension. Le narrateur de cette histoire Manu, était calme sympathique envers Fougerre pour la première fois. Manu et Fougerre avaient quelques différends personnels. Alors que Manu, comme d'autres garçons indiens de l'école, était à l'aise avec l'ambiance française et la suprématie blanche, Fougerre était mal à l'aise dans cette école et restait ainsi comme "autre."

Fougerre avait tellement honte que tout le monde l'humiliait qu'il essaya de se rendre invisible derrière un banian dans la récréation. Le colonialisme a rendu les individus sensibles impuissants, solitaires et aliénés.

Peau noire, masques blancs de Frantze Fanon m'est venu à l'esprit. Il était psychologue. Il est originaire de l'île de la Martinique, une ancienne colonie française. Fanon cherche à comprendre la relation entre les Blancs et les Noirs et soutient que les deux groupes sont piégés dans leurs propres identités raciales. Dans cette histoire aussi, il est clair que Madame Armeil est piégée dans son identité supérieure et Fougerre maintient son indianité. Ainsi, le mélange de ces deux groupes, colonisateurs et colonisés est impossible. Le reste des étudiants indiens de la classe est devenu « plus blanc » en s'assimilant à la culture et à la langue coloniales.

Les colonisateurs font progressivement oublier aux indigènes leur langue, leur identité, leur culture, leur patrie et ainsi de suite et les colonisés commencent à vivre dans le vide sans connaître leur véritable identité.

Cependant, un autre incident brutal s'est produit dans la vie scolaire de Fougerre. Cet épisode révèle certaines choses sur la relation entre le colonisateur et le peuple colonisé qui s'habitue à sa position moins privilégiée et qui lui est naturelle.

Un camarade de classe français de Fougerre était jaloux car il était bon dans les études. Ce garçon français avait l'habitude d'intimider ses camarades de classe. Il a même piqué la tête de Manu avec une aiguille à tricoter. Il n'a pas été puni pour ses mauvaises actions simplement parce qu'il était le Français blanc. Le racisme était si fort pendant la colonisation.

Pendant une récréation matinale, Fougerre s'adossa à la grille de l'ancienne chapelle et se pencha pour regarder ses camarades jouer aux billes. Il ne participerait pas au jeu, mais regardait à distance. Le garçon français est venu par derrière et a jeté Fougerre par-dessus bord. Les garçons qui accompagnaient le garçon français éclatèrent de rire. Un acte violent mais personne ne s'en souciait beaucoup. Manu a été témoin de tout l'accident à distance mais d'autres étudiants ou professeurs n'étaient pas présents. Fougerre saignait tellement, il était blessé mais ce n'était pas considéré comme un accident grave. Un minimum de sympathie lui a été témoigné. Tout le monde considérait que Fougerre était tombé tout seul.

La chemise de Fougerre trempée de sang et sa lèvre fendue. Même après cet incident, Fougerre avait honte, comme s'il était responsable de cet accident. Il est comme Job dans la Bible. Mais la différence est qu'après d'énormes souffrances, Job a récupéré tout ce qu'il avait perdu. Fouggère a continué à souffrir jusqu'à la fin.

Il ne peut y avoir d'expressions telles que 'bon colonisateur' et 'mauvais colonisateur'. Le colonialisme est un processus terrorisant. Les sujets colonisés sont toujours refoulés, marginalisés et victimes ultimes.

Retracer la présence coloniale à Une vache sacrée à Varanasi

Madavane peut évoquer la nostalgie d'un monde colonial perdu, tissant les ambitions françaises passagères sur le sous-continent avec la déception des rêves d'enfance d'un personnage. Pourtant, il peut aussi faire la satire de la prétention et de la bêtise de l'ancien colonisateur. Dans la nouvelle *Une vache sacrée à Varanasi*, le narrateur est à nouveau un ancien sujet de l'empire français, traversant une Inde post-indépendance où son ancien Francité constitue un héritage ironique et maladroit.

Le narrateur de cette histoire vivait à Varanasi. Il raconte la visite d'une dame française à Varanasi. Bien que les Français aient quitté l'Inde, la supériorité du peuple français est toujours la même. Ils traitent toujours les Indiens comme leurs subordonnés. Ils méprisent également les lieux saints de l'Inde. Pour les hindous, Varanasi est une ville spirituelle. C'est l'une des plus anciennes villes vivantes du monde, Varanasi encapsule tous les rituels et symboles de la culture et de la religion hindoues. Mais la dame française ne réalisait pas l'importance de cette ville et avant de revenir en français elle voulait visiter Varanasi et une journée lui suffisait.

La dame, Françoise est belle. Mais elle ne se comporte pas bien. À Varanasi, elle voulait voir les Ghâts en flammes. Pour elle, les Ghâts sont comme des lieux touristiques, mais ils ont une signification différente pour les Hindous.

Enfin Madame Françoise.T a rencontré le narrateur, Mensieur G. à Bénarès. Elle est devenue heureuse car il parlait couramment le français. Elle a également apprécié le narrateur et il a répondu avec quelque nostalgie <<Je suis un des produits de vos anciennes colonies. Je viens de Pondichéry. Mes ancêtes aussi étaient des Gaulois aux cheveux blonds.>> (2010, Madavane:76). Monsieur G. joue sur une phrase célèbre des manuels scolaires français, qui commençait leur histoire des origines nationales de la France. Même dans les colonies françaises d'Amérique du Sud, d'Afrique et d'Asie, des générations d'écoliers lisent sur « leurs » ancêtres européens aux cheveux blonds et aux yeux bleus. Comme Manu d'Un canot de papier sur le Gange, Monsieur G avait appris à s'identifier aux Français. Il revendique les Celtes comme les siens afin de revendiquer l'égalité, voire la parenté, avec l'arrogante Française. Cette parenté, avec l'arrogante française. La parenté est à la fois sardonique et nostalgique, absurde et évocatrice.

Cependant, la dame française a trouvé l'Inde comme une terre exotique. Cependant, avec Madame

Françoise T, Monsieur G. et Christophe se sont rendus au marché et ont vu une vache osseuse sur le chemin. À Varanasi, les vaches se promènent sur les routes et c'est une scène courante pour la population locale. Même les vaches sont considérées comme sacrées. Mais la Française était dégoûtée de voir les vaches lui barrer la route. Dit-elle <<Attention, elle chie. Oh!Mon Dieu.>> (2010, Madavane:79)

Quand deux cultures étrangères se rencontrent, le choc est inévitable. La dame est arrogante. Elle se croit supérieure et elle ne cherche pas à connaître la culture indienne. La façon dont Françoise T réagit, le narrateur s'amuse. Il dit ainsi, <<Toute son assurance de tout à l'heure a disparu. Elle savait que les Hindous étaient superstitieux, mais elle ne pouvait pas deviner qu'ils vivaient encore à la préhistoire au XXème siècle. Mais j'étais trop bien parti pour m'arrêter.>>(2010, Madavane:81)

Enfin, alors qu'ils s'approchaient des Ghats brûlants, ils devaient traverser les étroits alliés. Chez ces alliés, de nombreux cadavres étaient alignés le long des rues étroites. Les habitants murmurent des prières pour les morts. Ils essaient d'éviter de marcher sur les cadavres et s'accrochent soigneusement au mur. À Varanasi, la mort est accueillie comme le but ultime de sa vie, pour atteindre le salut, souvent quelqu'un est mort mais a plutôt reçu le salut. -côté. Manikarnika Ghat et Harischandra Ghat sont deux Ghats importants de Varanasi. Plus tard, il est mentionné dans cette nouvelle.

Alors que la dame, Christophe et le narrateur s'approchaient de cet allié étroit, Christophe conseilla poliment à son compagnon de marcher prudemment. Mais Françoise T ne pouvait pas comprendre qu'il s'agissait de cadavres. Elle a fait remarquer <<Pourquoi les gens dorment-ils sur la route?Lui demanda-t-elle.Quelle idée de le faire sous la pluie? Que font-ils ainsi, complètement mouillés malgré leur couverture? Encore une des positions du yoga, je suppose?>> (2010, Madavane:page 87)

Elle n'est pas assez sensée pour les reconnaître comme des cadavres. Elle ne connaît pas les mœurs des derniers rites des Hindous et ne veut pas le savoir non plus. Ainsi, une différence entre « soi » et « autre », « colonisateur » et « colonisé »[3] est là même dans l'ère post-coloniale. Madame Françoise T a accidentellement glissé et a fini par marcher sur les cadavres. Après avoir retrouvé son équilibre, elle demanda à Christophe <<--Mais enfin, Christophe, où sont-ils *ghats* d'incinération?>>(2010, Madavane:87)

C'est là que réside la différence entre « soi » et « l'autre ». Les colonisateurs européens se considéraient comme « soi » et les colonisés comme « l'autre ». 'autre' est toujours exotique, étrange et non civilisé, d'autre part, 'soi' est civilisé. Ainsi, la dame manque de respect aux cadavres. Elle méprise les derniers rites dans les ghats et ainsi, ses remarques semblent désobligeantes. Cependant, sa question a mis Christophe en colère et il a répondu amèrement,

<<--Là, sous vos pieds. Vous marches dessus, Madame.>>(2010, Madavane:Page 88*)*

Elle réalisa alors son erreur. Elle s'est mise en colère car elle ignorait les cadavres sous ses pieds. Elle a crié avec colère << --*Christophe*! Ramenez-moi à l'hôtel.>>(Page 89, *Une vache sacrée à Varanasi*).

Avant de partir, elle ignore même Monsieur G, qu'elle appréciait autrefois pour son bon français. En fait, « soi » et « autre » ne peuvent jamais être égaux, ils ne peuvent jamais se rencontrer. Cette histoire est remarquable car même après la situation post-coloniale, la mentalité coloniale prévaut. La relation entre colonisateur et colonisé reste inégale. Cette histoire fait rire à cause de la sottise de Madame Françoise T. En plus c'est une histoire francophone post-colonialité.

Communauté créole telle que présentée dans le roman Le Thinnai

Sur ce thinnai, l'histoire et les histoires se mêlent: des marins Breton font naufrage aux Maldives, des destins brisés, des enfants malheureux sont jetés dans les rues sordides de Bombay, et Gilbert Tata erre, muni d'une pierre précieuse funeste et mystérieuse.

–Ari Gautier

La créolisation n'est pas un concept habituellement appliqué à la culture matérielle ou littéraire de l'espace géographique qu'est le sous-continent Indien. Les liens les plus communément acceptés entre le cœur de l'Inde et l'océan Indien et les îles des Caraïbes où le système de plantation avait imposé le « créole » comme descripteur reconnu, et qui à son tour a généré une praxis politique et un discours académique. Même ici, cependant, il existe une controverse quant à savoir si les personnes d'origine indienne peuvent, doivent être ou veulent appeler «créoles».

Le créole de Pondichéry est un ensemble de français, de portugais et de tamoul, parlé avec une diction à consonance tamoule. Un mélange de cultures, de textiles, de nourriture, de langues. Au-delà de son multilinguisme, il sert à rappeler la résistance contre l'esclavage. Ari Gautier raconte avec humour son histoire depuis un Thinnai où les personnages de son histoire se rencontrent. Il crée un quartier à partir de Kurusukuppam et le cœur de celui-ci était le Thinnai, une relique qui a résisté à l'épreuve du temps et de la guerre et la prémisse idéaliste pour que son histoire prenne vie.

Les personnages fantasques de l'histoire à travers leurs excentricités, racontent la cruelle oppression du système des castes qui discriminait même la communauté créole avec les classes supérieures et inférieures. Les hauts créoles étaient des descendants directs des colons français et vivaient dans des maisons coloniales aisées tandis que les bas créoles qui avaient un pedigree mixte avec les écossais, les danois, les portugais, les anglais et les hollandais évitaient les villes principales et vivaient dans des bidonvilles ghettoïsés et des villages de pêcheurs.

La créolisation à double sens de Gautier du lexique tamoul et de la syntaxe française nous alerte sur d'autres façons dont il est intégré. la position traditionnelle du thinnai entre l'intérieur domestique et la rue en tant qu'extérieur lui confère certainement la propriété architecturale d'un seuil.

Les processus de créolisation en général sont profondément impliqués dans les questions de pouvoir, de prestige, de honte et d'autocensure. Les multiples nœuds de variation linguistique traversant la prose de Gautier incluent la langue particulière parlée par Lourdes, l'aide domestique.

Lourdes appartient à la communauté dite des Bas Créoles. Le narrateur les distingue soigneusement des Hauts Créoles, qui descendent des premiers colons français à Pondichéry. Les Hauts Créoles sont les bastions du capital culturel, économique et social de Pondichéry, habitant les hôtels particuliers de la Ville Blanche et les gardiens d'un français irréprochable. En revanche, les Bas Créoles sont un groupe racialement métis qui s'est cristallisé au cours des premiers siècles de rencontres des Européens avec les habitants et entre eux dans les enclaves côtières de l'Inde péninsulaire.

Lourdes est le seul personnage représentatif du roman présenté comme parlant le créole pondichérien. C'est une langue qui n'a reçu presque aucune attention scientifique ou documentation littéraire en dehors du roman de Gautier, a fait remarquer Blake Smith. Le créole pondichérien peut être qualifié de "français indianisé" (Kelkar-Stephen 104). L'apparente incapacité de ce « français indianisé » à accéder au statut de langue créole correspond à un schéma perceptible dans les enclaves indiennes péninsulaires. Mais ce type de français ne rentre pas dans les définitions des créoles ou même des pidgins.

Gautier a grandi à Pondichéry. Il a entendu le français indianisé parlé par les bas créoles. Comme le protagoniste, lui aussi a été empêché de le parler par son père. Le père a demandé à Lourdes de ne pas parler en créole, mais il n'affiche aucun dédain quoi qu'elle cuisine. La gastronomie créole évoquée dans l'histoire était salivante : Baffade préparée avec de généreuses épices, des fruits et des noix.

Ari Gautier est un beau conteur. Sa capacité à éveiller les sens du lecteur et son talent à tisser les histoires avec l'histoire sont une force avec laquelle il faut compter.

Conclusion

De ce travail de recherche, l'auteur conclut que l'impact de la colonisation française peut être vu dans les colonies françaises de l'Inde les colonisateurs ont certaines qualités de base que ce soit l'anglais ou le français qu'ils se considéraient comme supérieurs et les colonisés comme inférieurs. Le racisme est évident.

La colonisation française en Inde est un sujet moins discuté. Mais les Français voulaient aussi établir leur empire en Inde. Leur rêve s'est brisé pour de nombreuses raisons mais dans certains espaces les Français ont établi leur colonie en Inde. Les habitants des colonisateurs français. ont fait face au même type de répression que celle que les gens sous les dirigeants britanniques avaient subie. La suprématie blanche a toujours reçu certains privilèges.

K.Madavane a magnifiquement dépeint la situation coloniale française à Pondichéry et la mentalité coloniale de certains Français même dans l'Inde post-coloniale. Ce faisant, le narrateur des histoires est nostalgique parce qu'il a été élevé à l'époque coloniale. Comme le colonialisme français, l'écriture indienne en français est également ignorée des Indiens, et des Français. Mais il existe une tradition d'écriture française en Inde à partir de Toru Dutt. Nous avons traversé tant d'écrits coloniaux sur la domination britannique, mais la présence coloniale française est tout aussi fascinante. K. Madavane est un merveilleux écrivain qui a magnifiquement retracé l'ambiance franco-indienne.

Ari Gautier raconte joliment la condition de la classe ouvrière de Kurusukuppam. Il nous a fait connaître la communauté créole en Inde. La littérature francophone a besoin d'être beaucoup explorée.

Remarques

1.David Ogg, Louis XIV, Oxford University Press, 1933, pp.39-41

2. A note on names: since 2006 'Puducherry' is the official name of Pondicherry (Pondicherry in French). 'Chandannagar' is the official name of Chandernagore (Chandernagor in French).

3.Ces termes ont été inventés dans la théorie postcoloniale développée dans les années 1990

4.*Mourir à Bénarés: Recueil de nouvelles*, Madavane K, Édition le Germ,2010

5. *Le Thinnai*, Ari Gautier, Le Lys Blue Éditions, 2018

Bibliographie

1. *http://hdl.handle.net/10603/140657*
2. Ian H. Magedera (2010) ARRESTED DEVELOPMENT, interventions, 12:3, 331-343, DOI: 10.1080/1369801X.2010.516092
3. Salman Rushdie, *Imaginary Homelands* (Hardmondsworth: Penguin, 1992), p. 394
4. Interview with the Franco-Indian author Ari Gautier, August 2022
5. Intellectual origins of Nationalism in South India" in *French in India and Indian nationalism* by K. S. Mathew, pp. 640-641
6. Robert D. King, 1997, *Nehru and the Language Politics of India,* Oxford University Press, New Delhi
7. *Ari Gautier's The Thinnai breaks new ground in Franco-Indian Dalit writing,* Dr.Chinnadevi Singadi, December 28, 2021

Français

8. Catalogue des Manuscrits des Anciennes Archives de l'Inde franeaise, Tomes I (1922), n (1927), ed. by E.Gaudart.
9. La Politique de Dupleix d'aprds sa lettre a Saunders de 18 Fdvrier 1752 et son Memoire du 16 Octobre 1753, Paris, 1927.
10. David Annoussamy, *L'intermède français en Inde,* p. 171.
11. *L'aventure des Français en Inde,* Rose Vincent, Kailash Editions 1995,
12. *Résumé des Actes de l'Etat Civil de Pondichéry de 1736 à 1760,* Alfred Martineau
13. *Les "Créoles" ou descendants d'Européens à Pondichéry,* Tirouvanziam-Louis, Lourdes, pp. 199-200.
14. *Les Établissements français en Inde au XIXe siècle (1816-1914),* Jacques Weber, vol. 1, Introduction, p. 6
15. *PONDICHÉRY DE 1954 A 1963, de la République française à la République indienne, histoire d'une transition* par Gabrille Piesse-Maîtrise d'Histoire Contemporaine, Faculté des letters et sciences humaines, Université de Nantes, Juin 1999, pp. 90-93

About the Author

Disha Mondal is a resident of Santiniketan, West Bengal. It's a globally known place as Rabindranath Tagore has founded the Visva-Bharati University here. she has studied in this university. She has completed Master's in English literature in 2018 and presently she has completed her second Master's in French language and literature in 2022.

Since her childhood she has loved to write essays and poetry. Officially she has published her first essay in an English journal in 2014. In my 8 years of writing career, she has published 14essays and one book. "Vaishnavism Baul and Rabindranath" is her debut book. She has been awarded as the Upcoming author of the year 2022 from Ukiyoto Publishing house.

Now she is trying her hand in writing non-fiction in French language.

www.ingramcontent.com/pod-product-compliance
Lightning Source LLC
LaVergne TN
LVHW041553070526
838199LV00046B/1936